HISTOIRE ABRÉGÉE
DU DÉPARTEMENT DE
SAONE-ET-LOIRE

Par M. THOUNY

Inspecteur primaire, Officier d'Académie

SITUATION. — LIMITES — DIVISIONS NATURELLES

Le département de *Saône-et-Loire*, qui formait une partie de l'ancienne province de Bourgogne, appartient en même temps à la région centrale et à la région orientale de la France.

Les départements qui l'entourent sont :

Au nord : la Côte-d'Or et l'Yonne ; à l'ouest, la Nièvre et l'Allier ; au sud, la Loire et le Rhône ; au sud-est, l'Ain ; à l'est, le Jura.

Il tire son nom des deux cours d'eau les plus importants qui courent sur son territoire : la *Saône*, affluent du Rhône, et la *Loire*.

Il comprend six régions, différentes par l'aspect, la fertilité, les genres de culture, et qui constituent ce qu'on est convenu d'appeler des divisions naturelles. Ces territoires, dont les dénominations ont survécu à la suppression des anciennes provinces, sont : l'*Autunois*, le *Charollais*, le *Brionnais*, le *Mâconnais*, le *Chalonnais*, le *Louhannais* ou *Bresse Louhannaise*.

Sa superficie est de 8552 kilomètres carrés ; sa population est de 626,000 habitants. Il est, en général, fertile.

Le département de Saône-et-Loire se partage à peu près également entre les deux bassins du Rhône et de la Loire. Son climat est salubre et tempéré.

Il réunit presque toutes les cultures : la vigne, le blé, le maïs, les prairies, la betterave, le seigle, le sarrasin, la pomme de terre, etc. Peu de régions de la France offrent à leurs habitants plus de ressources de toute nature. Aussi la densité de la population est considérable; l'agriculture et l'industrie y sont florissantes.

AGE PRÉHISTORIQUE

La connaissance des principaux événements survenus dans notre pays nous est transmise par les livres et les monuments laissés par nos ancêtres.

Mais l'homme a vécu sur la terre pendant une longue suite de siècles, avant d'avoir appris l'art de l'écriture; il en résulte que la plus grande partie de l'histoire de l'humanité, et non la moins intéressante, reste pour nous mystérieuse et obscure.

Cette immense période qui s'est écoulée depuis l'apparition de l'homme sur la terre, jusqu'à l'invention de l'écriture, ou plutôt jusqu'à la naissance de l'histoire, s'appelle l'*âge préhistorique*.

Tout ce que nous savons de la vie de nos lointains ancêtres nous a été révélé par les découvertes des géologues.

La géologie est la science de la terre et de ses transformations. Depuis cinquante ans cette science a fait des progrès immenses; grâce à elle, nous avons des notions assez précises sur l'existence de l'homme primitif, sur son genre de vie, ses occupations, et, dans une certaine mesure, sur son développement intellectuel.

Nous pouvons suivre, sans trop de peine, sa marche vers le progrès, le bien-être, la civilisation.

Tous les débris trouvés dans le sol, et appartenant aux temps préhistoriques, ont été classés, étudiés et comparés avec le plus grand soin.

De cette étude, poursuivie avec ténacité par des savants consciencieux, il résulte que l'humanité a vécu, pendant une période de temps incalculable, dans un état de dénuement et de sauvagerie dont nous avons peine aujourd'hui à nous faire une idée.

L'HOMME PRIMITIF

La partie de notre sol susceptible d'être étudiée a été divisée par les géologues de la manière suivante : *terrain primaire, terrain secondaire, terrain tertiaire, terrain quaternaire.*

Chacun de ces terrains s'est formé successivement, dans des intervalles de temps très considérables, qu'il nous est impossible d'apprécier, et qu'on appelle *époques*.

La couche la plus ancienne est le terrain primaire; la plus récente, le terrain quaternaire.

Or, les géologues sont d'accord pour placer l'apparition de l'homme au début de l'époque quaternaire. Certains indices permettent de supposer que l'homme a existé à la fin de l'époque tertiaire; mais les découvertes qu'on a faites à cet égard sont insuffisantes pour trancher cette grave question.

Le début de l'époque quaternaire est caractérisé par un abaissement général de la température, l'abondance des pluies et l'extension des glaciers. Aucune explication de ce phénomène n'a pu être donnée, mais le fait est bien établi.

Le glacier du Rhône couvrait alors toute la plaine suisse, depuis le Saint-Gothard jusqu'au Jura, s'étendait au nord jusqu'au-dessous de Genève. En France, le glacier se continuait jusqu'aux Cévennes, couvrait une partie de la Bresse, et descendait jusqu'à Vienne, après s'être joint aux glaciers du Mont Blanc, de l'Arve et de l'Isère.

Les fleuves prirent un énorme développement : c'est ainsi que la Seine, à Paris, avait un débit de 60,000 mètres cubes d'eau à la seconde, et une largeur de 6 kilomètres.

C'est pendant cette période que se sont creusées les principales vallées.

PREMIÈRE ÉPOQUE. — RACE DE NÉANDERTHAL

La race d'hommes la plus ancienne ayant habité nos contrées est celle de *Néanderthal*; elle nous est connue par des squelettes, recueillis en divers endroits, dans les alluvions quaternaires.

L'homme de Néanderthal a tous les caractères de l'homme primitif.

Il était doué d'une force prodigieuse; sa physionomie était bestiale, mais pacifique. Il vivait de chasse et possédait un langage articulé. La seule arme dont il disposait était la hache en silex *éclaté* ou *étonné*. (Type de Saint-Acheul.)

Les animaux dont il faisait sa nourriture, et contre lesquels il devait livrer des combats perpétuels, étaient: l'ours des cavernes, le mammouth, le renne, l'élan, le bœuf urus, le rhinocéros. Il habitait les plaines, les plateaux, les bords des grands cours d'eau; les endroits où il a laissé des traces de son séjour se nomment des *stations*.

Le type de Néanderthal se retrouve encore de nos jours chez certains montagnards de l'Inde et chez les Australiens (Port Western).

DEUXIÈME ÉPOQUE — RACE DE CRO-MAGNON

Cette époque est caractérisée par un affaissement général du sol, et par la continuation de l'extension des glaciers. Une autre race, dite de *Cro-Magnon*, fait alors son apparition. L'homme de cette époque habitait au pied des rochers escarpés, sous des abris naturels formés par des roches en surplomb ou dans des cavernes.

La race de Cro-Magnon est supérieure à la précédente; le cerveau est plus développé et présente à un degré élevé le caractère humain. C'est alors qu'apparaissent les premiers vestiges d'une véritable industrie; ce sont des silex taillés d'un seul côté, et affectant la forme d'une hache, d'un racloir ou d'une pointe de lance.

L'homme de Cro-Magnon vivait également de chasse; les animaux dont il se nourrissait étaient les mêmes que ceux de l'âge précédent. Cette race a dû prendre une grande extension et occuper la plus grande partie du midi de l'Europe.

TROISIÈME ÉPOQUE — SOLUTRÉ

La race de Cro-Magnon a laissé, dans le département de Saône-et-Loire, des vestiges d'une extrême importance.

Longtemps après les phénomènes climatologiques dont il a été parlé, le sol de l'Europe subit un exhaussement lent, dont le résultat fut de rendre le climat plus sec; les glaciers reculèrent lentement vers le sommet des montagnes, les pluies devinrent moins abondantes, les étés plus longs et plus chauds.

C'est durant cette période que commence l'émigration du renne vers le nord.

Le cheval, qui existait depuis longtemps, prit alors un grand développement.

Avec l'homme de *Solutré*, l'industrie se perfectionne et acquiert un degré d'élégance inconnu jusqu'alors.

Les haches, les pointes de lances et de flèches trouvées à Solutré sont des silex taillés sur les deux faces, avec une si grande adresse que nous avons peine à en comprendre la fabrication.

La station de Solutré (Saône-et-Loire) est située au pied d'un très bel escarpement; elle occupe une sorte de mamelon, qui est le résultat d'un éboulement, et qui a la forme d'un cône de déjection. Le sol de ce mamelon a été fouillé et creusé dans tous les sens. Il comprend cinq zones :

La première zone, ou zone inférieure, renferme des débris de cuisine, des os de mammouth, de lion, d'ours, d'hyène, de chien-loup, de renne, de cheval, de bœuf primitif, d'élan, des silex taillés et quelques os travaillés;

La deuxième zone est caractérisée par la prédominance des ossements de cheval; les os de renne et d'éléphant sont relativement rares. Les silex qu'on y trouve sont des éclats, pour la plupart fort beaux;

La troisième zone est presque stérile;

La quatrième renferme des foyers de l'âge du renne ; les débris de cuisine y sont très abondants. Les os de renne et de cheval dominent ; les grands carnassiers ont disparu. C'est dans cette zone qu'on a découvert les magnifiques pointes de lance et de flèche dont il est parlé plus haut, et qui caractérisent cette époque. On y rencontre également des outils en os et des essais rudimentaires de sculpture sur pierre. Des squelettes nombreux y ont été recueillis ;

Dans la cinquième zone ou zone supérieure, les divers âges se confondent : silex taillés, pierre polie, bronze, fer, etc.

Une quinzaine de crânes, découverts à Solutré, appartiennent incontestablement à une race d'hommes contemporains du mammouth et du renne.

Quatre d'entre eux, recueillis dans les couches les plus profondes, appartiennent au type de Cro-Magnon.

QUATRIÈME ÉPOQUE — LA MADELAINE

Durant cette période, le mouvement d'exhaussement du sol de l'Europe se continue, ce qui a pour résultat de rendre le climat plus froid.

L'homme habite alors presque exclusivement les cavernes ; il devient plus sédentaire.

L'industrie se développe d'une manière remarquable ; la taille du silex n'a plus la même importance. On ne trouve presque plus de ces pièces admirablement ciselées du type de Solutré ; mais, en revanche, la taille de l'os et de l'ivoire atteint une perfection qui nous étonne.

Avec les instruments en os apparaissent, en abondance, les gravures et les dessins. Ces dessins représentent, souvent avec une rare exactitude, les animaux contemporains de l'homme : l'ours, le renne, le cerf, le mammouth, le bœuf primitif.

A la fin de cette période, le climat de l'Europe se rapproche peu à peu de ce qu'il est aujourd'hui.

CINQUIÈME ÉPOQUE — ÉPOQUE NÉOLITIQUE

Des progrès importants se sont accomplis à *l'époque néolithique*.

D'abord, l'homme a continué de perfectionner ses armes, et les divers objets qu'il fabriquait pour son usage. Aux silex taillés succèdent les haches, les pointes de lance ou de flèche en *pierre polie*. Le silex n'est plus la seule pierre employée.

L'homme parvient à réduire à l'état domestique les animaux les plus utiles : le chien, le renne, le mouton, la chèvre. Les premiers essais de culture sont tentés : au lieu de vivre exclusivement de chasse, l'homme devient pasteur, puis agriculteur. Son existence est moins précaire et moins misérable ; elle ne dépend plus, comme au début, de l'abondance ou de la rareté du gibier ou des hasards de la chasse.

Les cavernes sont abandonnées et servent de lieux de sépulture.

Les hommes apprennent à se construire des demeures, à fabriquer des poteries d'argile pour la cuisson des aliments.

Les premières maisons construites, et dont il nous reste des vestiges, étaient bâties dans l'eau, élevées sur pilotis.

Ce sont des habitations lacustres.

Les lacs de la Suisse et de la Savoie renferment une foule de débris de cette époque. Les cabanes étaient formées de branches d'arbres tressées et tapissées d'argile. Elles communiquaient avec la terre par des ponts mobiles qu'on retirait à l'approche de l'ennemi.

L'homme des cités lacustres, du moins au début, ne connaissait pas encore l'usage des métaux, mais il avait des notions d'agriculture et cultivait le blé, il savait tisser le lin.

C'est alors qu'apparaissent les premiers monuments qui attestent l'existence, chez l'homme, d'un *sentiment religieux*.

Ce sont les *dolmens*, les *menhirs* et les *tumulus*.

Les dolmens sont des chambres sépulcrales formées de plusieurs dalles fichées en terre, et recouvertes par une grande table de pierre.

Les menhirs, ou pierres levées, sont d'énormes blocs plantés verticalement, dont quelques-uns ont jusqu'à dix mètres de haut.

Enfin, les tumulus sont des monticules élevés par la

main des hommes, et qui recouvrent un tombeau, quelquefois un dolmen.

Des monuments de cette nature existent dans les communes suivantes :

Auxy ; — Dolmen de la Grande Pierre.
Brion ; — La montagne d'Ormée.
La Chapelle-sous-Brancion ; — Pierre levée (menhir de 4 mètres.)
La Comelle ; — Tumulus de grandes dimensions.
Dettey ; — Deux pierres branlantes.
Gergy, Loizy et Torcy ; — Tumulus.
La Tagnière ; — Pierre branlante.
Uchon ; — La Pierre qui croule.

Au mont Beuvray existent quelques monuments *mégalithiques* dispersés çà et là.

SIXIÈME ÉPOQUE. — L'AGE DU BRONZE ET DU FER

A l'époque néolithique succède l'âge du bronze, lequel a eu, dans nos contrées, une durée considérable. Les débris qui nous restent de cette période témoignent d'une civilisation avancée.

L'industrie du bronze a dû être importée en Europe par une race venue de l'Asie. C'est en comparant certains objets découverts dans les tombeaux d'Europe avec d'autres en usage dans les Indes, que les savants sont arrivés à cette conclusion.

En même temps que l'industrie du bronze se répand dans nos contrées, d'autres progrès s'accomplissent : l'agriculture se développe, de nouveaux animaux sont réduits en domesticité, les arts prennent un essor inconnu.

Les bijoux, les armes, les poteries appartenant à cette époque et retrouvés dans les tombeaux, les habitations ou les ateliers présentent un degré de perfection remarquable.

Mais c'est avec l'apparition du fer que la civilisation peut acquérir toute son ampleur. Le fer seul est assez résistant pour tailler facilement le bois ou la pierre, et fournir des armes solides.

L'âge du fer, dont les poëtes anciens ont dit tant de mal, est véritablement l'aurore de notre civilisation. C'est grâce au fer que l'homme a pu dompter la nature, se procurer facilement les choses nécessaires à la vie, et améliorer son existence.

Malheureusement, à mesure que la civilisation progresse, les luttes d'homme à homme, de peuple à peuple, deviennent plus fréquentes et plus meurtrières et paralysent en partie les bienfaits du travail.

LES ARYAS

Avec l'âge du bronze et du fer, nous entrons peu à peu dans le domaine de l'Histoire. Nous n'en sommes plus réduits exclusivement, pour connaître les événements importants accomplis dans notre pays, à consulter les débris laissés dans le sol par les hommes disparus.

L'Histoire ne commence qu'après l'invention de l'écriture, et au moment où des hommes bien informés ont pu nous transmettre des récits authentiques.

Ce moment n'est pas le même chez tous les peuples.

Environ deux mille ans avant notre ère, l'Europe fut envahie par des peuples nommés Aryas, venus des montagnes de l'Afghanistan et du Turkestan actuels.

Les Aryas étaient pasteurs et nomades; ils avaient de grands troupeaux de bœufs et vivaient dans des maisons roulantes. Ils sont regardés comme la souche de tous les peuples qui habitent l'Europe et la partie occidentale de l'Asie : Indous, Grecs, Latins, Gaulois, Germains, Slaves.

Nous ne savons rien de leur histoire; c'est par l'étude des langues et des religions des peuples d'Europe et d'Asie que l'on est parvenu à démontrer cette descendance dont nous avons parlé.

LA GAULE — LES ÉDUENS — BIBRACTE

Aussi haut que remontent les traditions, notre pays était habité par des peuples auxquels on donnait le nom général de *Gaulois*.

Ces peuples, descendants d'une souche commune, les Aryas, étaient cependant distincts par les mœurs et certains caractères physiques.

Les Gaulois ne formaient pas une nation. Chaque peuplade occupait un territoire plus ou moins étendu, avait ses lois particulières, et se gouvernait elle-même. Les plus puissants prenaient sous leur protection les plus faibles, qui se trouvaient alors dans une sorte de vasselage.

Ce qui caractérise la race Gauloise, c'est un courage à toute épreuve, un goût très vif pour la guerre, et un véritable culte pour la liberté.

Parmi les peuplades gauloises exerçant une prépondérance sur les autres, se trouvaient : les Arvernes, les Bituriges et les Éduens.

Vers le milieu du vi° siècle avant Jésus-Christ, une grande armée gauloise, composée surtout de Bituriges et d'Éduens, passa en Italie et fonda, dans le Nord, un État important que l'on nomma Gaule cisalpine. C'est à ces Éduens qu'on attribue la fondation de la ville de Milan.

La nation Éduenne occupait le territoire compris entre la Saône et la Loire, et l'Yonne supérieure ; elle était turbulente, chicanière et pillarde, constamment en lutte avec ses voisins, mais riche et puissante. Sa capitale était *Bibracte*, située au Mont Beuvray, un des points culminants de la chaîne du Morvan.

Cette cité importante, oubliée pendant des siècles, a été pour ainsi dire exhumée par un archéologue d'Autun, M. Bulliot.

Outre la place forte de Bibracte, les Éduens possédaient sur la Saône la cité fortifiée de *Cabilo* (Chalon); cette dernière était surtout un entrepôt et un centre commercial.

Dans le troisième siècle avant Jésus-Christ, les Romains conquirent la Gaule cisalpine, puis s'avancèrent peu à peu dans la Gaule transalpine, où ils fondèrent Aix (123 ans avant Jésus-Christ), puis Arles et Narbonne.

C'est alors que les Éduens s'allièrent aux Romains (122 ans avant Jésus-Christ.)

Depuis longtemps, il existait une rivalité entre les

Arvernes et les Eduens, qui se disputaient la prépondérance sur les autres peuplades de la Gaule.

Cette rivalité eut des conséquences funestes pour l'indépendance de notre pays.

CONQUÊTE DE LA GAULE

Environ soixante ans avant Jésus-Christ les Helvètes, qui habitaient la contrée que nous appelons aujourd'hui la Suisse, fatigués par les incursions des Romains; résolurent d'émigrer vers l'Ouest, et de s'établir sur les bords de l'Océan.

Comme ils devaient traverser le territoire des Eduens, ceux-ci appelèrent à leur secours les Romains. L'armée romaine, commandée par Jules César, aidée de l'armée éduenne, battit les Helvètes dans plusieurs rencontres, et les repoussa dans leur pays.

C'est ainsi que les Eduens fournirent à César l'occasion d'intervenir dans les affaires de la Gaule.

Avant l'invasion des Helvètes, les Eduens avaient été vaincus par les Arvernes unis aux Séquaniens. Ceux-ci avaient appelé à leur aide les Suèves, peuplades de la Germanie, commandés par Arioviste. Après la victoire, les Suèves s'étaient établis chez les Séquaniens, et avaient pris pour eux le tiers des terres; ils ne songeaient point à retourner dans leur pays. Chaque jour, de nouvelles hordes franchissaient le Rhin et venaient s'établir en Gaule.

Les Eduens se voyaient menacés d'une invasion redoutable.

Après la défaite des Helvètes, les Eduens, soutenus par différentes peuplades de la Gaule, supplièrent César de leur accorder son appui pour rejeter au delà du Rhin l'armée d'Arioviste.

César accepta, bien que précédemment Arioviste, après avoir occupé l'Alsace, eût demandé et obtenu du sénat romain le titre d'allié, et eût été reconnu roi.

Après des essais de négociations, l'armée romaine marcha contre Arioviste. Celui-ci, en apprenant les projets de César, concentra ses forces en Alsace, et se prépara à la lutte.

La bataille eut lieu aux environs de Colmar et fut décisive. Les Suèves, après une résistance héroïque, repassèrent le Rhin, laissant sur le terrain quatre-vingt-dix mille des leurs.

La nation éduenne, reconnaissante, s'attacha de plus en plus à la fortune de Rome.

Néanmoins, lors du grand soulèvement provoqué par Vercingétorix, les Éduens firent cause commune avec le reste de la Gaule.

A la nouvelle de la défaite de César devant Gergovie, ils massacrèrent les soldats et les marchands romains qui se trouvaient sur leur territoire.

Une grande assemblée de tous les peuples gaulois fut convoquée à Bibracte (52) ; Vercingétorix y assista.

Là, il fut décidé que la lutte contre les Romains serait continuée ; les pouvoirs du jeune chef Arverne furent de nouveau confirmés.

Mais les Éduens, qui avaient espéré prendre la direction du mouvement, furent mécontents, et c'est avec regret que leurs chefs obéirent à Vercingétorix.

Après le désastre qui força l'armée gauloise à se réfugier dans Alésia, des secours furent envoyés de tous les points du pays ; un combat meurtrier fut livré sous les murs de la ville. Les Gaulois furent définitivement vaincus.

L'Atrébate Comm et les chefs Éduens Viridomare et Eporédorix ont été accusés de trahison pour n'avoir pas, au moment décisif, porté secours à l'Arverne Vergasillaune. L'échec de l'armée gauloise devant Alésia leur a été en grande partie imputé.

Les chefs Éduens, en haine de Vercingétorix, et mus par un coupable amour-propre, ne s'étaient jamais ralliés franchement au grand parti national.

DOMINATION ROMAINE

Après la défaite, la nation éduenne rentra facilement en grâce auprès de César ; ses privilèges lui furent conservés, ainsi que son titre d'alliée du peuple romain.

Bibracte fut détruite ou abandonnée, et remplacée

par *Augustodunum* (Autun), qui devint rapidement florissante. Le territoire éduen fut incorporé dans la première province Lyonnaise.

En l'an 21 après Jésus-Christ, sous le règne de Tibère, un soulèvement fut provoqué par un noble Éduen, *Julius Sacrovir*, qui réussit à s'emparer d'Autun. Cette insurrection fut facilement vaincue.

Sous les Gaulois, Bibracte avait été un centre d'études important, et possédait un collège de Druides, célèbre dans toute la Gaule.

Après la ruine de cette cité, Autun, la ville romaine, ne tarda pas à devenir, à son tour, un centre d'études; elle eut des écoles remarquables, fréquentées par de nombreux élèves venus de tous les points du pays.

Malgré la révolte de Sacrovir, les Éduens conservèrent l'amitié des Romains. En l'an 48, sous l'empereur Claude, un sénatus-consulte leur accorda le droit *aux honneurs*.

Les principaux événements qui se sont produits ensuite sous la domination romaine sont : l'introduction du christianisme, l'insurrection des Bagaudes, les invasions barbares.

Dès le deuxième siècle de notre ère, la nouvelle religion fut prêchée par saint Andoche et saint Thyrse à Autun, par saint Marcel à Chalon, par saint Valérien à Tournus.

Saint Symphorien, mort à Autun, en 179, fut un des premiers martyrs de la Gaule.

Malgré les persécutions, la conversion des Gallo-Romains fut rapide : à la fin du IVe siècle, toute la Gaule était chrétienne.

En 273, éclata la révolte des Bagaudes ; le chef de l'insurrection, *Tétricus*, fut proclamé empereur et parvint à s'emparer d'Autun, après un siège long et meurtrier.

La ville fut pillée et saccagée, ainsi que les campagnes environnantes.

Tétricus fut battu l'année suivante ; mais l'insurrection, qui avait des ramifications dans la Gaule entière, ne put être définitivement vaincue que vingt ans après, sous l'empereur Dioclétien.

L'empire romain était alors en décadence.

Les barbares germains faisaient des incursions fréquentes dans les provinces voisines du Rhin; les Romains, devenus chaque jour plus faibles, étaient impuissants à faire respecter leurs frontières, à repousser l'ennemi.

En l'an 300, des hordes barbares envahirent la Gaule, détruisirent un grand nombre de villes, notamment Autun.

Constance Chlore les repoussa et reconstruisit Autun.

Cette ville, après avoir eu des destinées brillantes, dans les premiers siècles de la domination romaine, a subi d'étranges vicissitudes et des désastres nombreux.

Elle fut de nouveau ravagée par les Suèves et les Vandales. Ces barbares avaient franchi le Rhin en 406, en même temps que les Burgondes. Les Suèves et les Vandales, après avoir incendié et dévasté la Gaule, passèrent en Espagne.

Les Burgondes s'établirent dans le pays dont une partie a depuis été désignée sous le nom de Bourgogne.

Leur capitale était Chalon-sur-Saône.

Les Burgondes étaient Ariens, et de mœurs relativement douces. Ils gouvernèrent le pays avec assez d'équité, adoptèrent rapidement les mœurs des Gallo-Romains, et traitèrent les vaincus avec modération.

Le pays eut encore à souffrir de l'invasion des Huns : Autun et plusieurs autres villes furent pillées ou détruites.

L'empire d'Occident disparut définitivement en 476, sous l'effort des Barbares.

La Gaule se trouva dès lors morcelée entre : les Burgondes à l'est et au sud, les Francs au nord, les Wisigoths au sud-ouest.

LES FRANCS — LE MOYEN AGE

Le royaume des Burgondes devint d'abord tributaire de celui des Francs (500). Il subsista jusqu'en 534.

Le pays fut successivement sous la domination de Clotaire Ier, puis de Gontran, l'un de ses fils.

Les nombreux partages qui eurent lieu après la mort de Clovis modifièrent sensiblement les divisions primitives.

En 567, l'empire des Francs comprenait trois royaumes :

La Neustrie, l'Austrasie, la Bourgogne.

A la mort de Gontran (593), la Bourgogne fut réunie à l'Austrasie, sous Childebert II, fils de Sigebert et de Brunehaut.

Childebert II mourut en 596, laissant deux fils.

Son domaine fut partagé : Théodebert, l'aîné, eut l'Austrasie; Thierry, le second, la Bourgogne.

Enfin, en 613, les trois royaumes furent réunis sous le gouvernement de Clotaire II.

La Bourgogne cessa d'avoir des rois particuliers, et fit partie de l'Austrasie.

La rivalité entre la Neustrie et l'Austrasie fut une source de guerres et de difficultés ; néanmoins, le pays des Éduens n'eut pas trop à souffrir et jouit d'une tranquillité relative.

Pendant l'invasion arabe, la contrée fut ravagée cruellement. Autun et Mâcon furent prises et pillées; Autun surtout fut presque détruite ; elle réussit à se relever de ses ruines, et lors des incursions des Normands, elle fut assez forte pour leur résister.

Malgré ses désastres, Autun n'avait pas cessé d'exercer les prérogatives politiques qu'elle devait à son illustration et à son ancienneté.

Mais elle n'a jamais pu reprendre son rang.

Dès le moment où la ville de Dijon fut choisie pour être la capitale du Duché de Bourgogne, Autun fut définitivement déchue. Au treizième siècle, elle était tombée dans un état misérable ; un chroniqueur du temps de Philippe-Auguste, Guillaume le Breton, a tracé de cette malheureuse ville un tableau lamentable.

Sous les Carolingiens, le Bourgogne fut en partie détachée du royaume de France ; les nombreux partages qui eurent lieu n'offrent aucun intérêt.

En 887, la Bourgogne était gouvernée par un duc bénéficiaire.

En 1012, le roi Robert-le-Pieux hérita du duché; mais il le donna presque aussitôt à Robert, l'un de ses fils, lequel fut la souche de la première maison de Bourgogne (1032-1361).

La descendance directe du duc Robert s'éteignit en 1361.

Le roi Jean-le-Bon qui hérita du duché de Bourgogne ne sut pas le conserver ; en 1363, il le donna en apanage à son plus jeune fils Philippe-le-Hardi, qui fut le chef de la seconde maison de Bourgogne (1363-1477).

Pendant la guerre de Cent ans, la contrée fut plusieurs fois pillée et dévastée. Les Anglais saccagèrent la ville d'Autun.

Les Grandes Compagnies (Ecorcheurs, Tard-venus) avaient établi leur quartier général à Chagny, et commettaient dans toute la région des déprédations sans nombre.

C'est à Chagny que Duguesclin vint rejoindre ces bandes pillardes ; il réussit à les entraîner en Espagne.

Enfin, la Bourgogne fut réunie au royaume de France, en 1477, par Louis XI, après la mort du Téméraire.

Depuis, cette province a suivi les destinées du reste de la France.

Le Charollais ne fut réuni à la couronne qu'en 1771.

PÉRIODES MODERNE ET CONTEMPORAINE.

Après la bataille de Pavie (1525), François Ier signa le honteux traité de Madrid, par lequel la Bourgogne était cédée à Charles-Quint.

Les États de la province, réunis à Dijon, protestèrent contre ce traité, et manifestèrent nettement leur intention de rester Français.

Le traité de Madrid ne fut pas ratifié.

Les guerres de religion occasionnèrent en Bourgogne de nombreux désastres. La ville d'Autun, qui avait pris parti pour la Ligue, fut assiégée par les troupes de Henri IV (1591). Elle se défendit avec une grande énergie ; les assiégeants furent repoussés.

Après l'abjuration du roi Henri IV, la plupart des villes de la Bourgogne firent leur soumission.

La Révolution fut bien accueillie dans le département de Saône-et-Loire.

La majorité des députés nommés en 1789 étaient partisans des réformes. Parmi les députés du Clergé se trouvait Talleyrand, évêque d'Autun.

Talleyrand fut rapporteur du projet de loi sur l'enseignement. Ce projet contenait une disposition qui n'a été réalisée que bien plus tard, par la loi scolaire de 1882 :

« Il sera créé un enseignement public, gratuit pour la partie de cet enseignement indispensable à tous les citoyens. »

Talleyrand joua un grand rôle pendant la Révolution et sous l'Empire. Son habileté comme diplomate est bien connue.

Après le vote sur la Constitution civile du clergé, quelques troubles éclatèrent en certains points du département, notamment à Autun, et à Bourbon-Lancy.

Des émeutes, provoquées par la disette, eurent lieu également à Mâcon et à Tournus. Différentes personnes, accusées d'accaparer les grains, furent violemment malmenées.

A la faveur des troubles civils, le brigandage prit des proportions considérables ; des attaques à main armée avaient lieu en plein jour ; les routes n'étaient pas sûres, et le commerce se faisait difficilement.

L'un des députés de Saône-et-Loire, Carra, fut exécuté avec les Girondins, après les événements du 31 mai et du 2 juin 1793.

La mort de Louis XVI et les événements qui suivirent causèrent une vive émotion dans le pays. Des tentatives de fédéralisme eurent lieu, mais sans succès. Grâce à l'énergie des administrateurs du département, la guerre civile fut étouffée dans son germe.

Lors du siège de Lyon par les armées de la Convention, le département envoya un corps de troupes.

Après les agitations de la Terreur, le calme revint peu à peu dans les esprits ; l'ordre fut rétabli, le brigandage réprimé.

Au 18 brumaire, l'un des députés du département, Bigonnet, protesta vivement.

Néanmoins, le pays accepta les faits acquis et se rallia aux idées gouvernementales.

En 1814, les villes de Chalon et de Tournus se distinguèrent par leur résistance énergique à l'invasion étrangère.

Napoléon, pour récompenser l'héroïsme des habitants, accorda à ces deux villes la faveur de joindre à leurs armes la croix de la Légion d'Honneur.

En 1870-1871, les armées prussiennes pénétrèrent dans le département, et s'avancèrent jusqu'à Autun.

Cette ville fut courageusement défendue par les artilleurs de la Charente-Inférieure et les mobilisés de l'Isère, secondés par les habitants.

Après un combat très vif, les Prussiens battirent en retraite, sans avoir pénétré dans la ville.

NOTICE SUR L'ABBAYE DE CLUNY

Le monastère de Cluny fut fondé en 908, par *Guillaume le Pieux*, duc d'Aquitaine. Son premier abbé fut *Bernon*, abbé de la Balme et de Gigny : on y adopta la règle de saint Benoît.

En 930, le successeur de Bernon, l'abbé Odon, réforma la règle de saint Benoît, et établit dans son abbaye une nouvelle discipline, qui ne tarda pas à être mise en vigueur dans un grand nombre de monastères.

L'abbaye de Cluny devint bientôt célèbre dans toute la chrétienté.

Ses abbés les plus renommés furent : Odon, Mayeul, Odilon, saint Hugues et Pierre le Vénérable.

Odilon fut un des inspirateurs les plus actifs de la Trêve de Dieu ; c'est à lui qu'on doit l'institution de la fête des Morts, qui est restée en tout pays si justement populaire.

Beaucoup de savants et d'hommes remarquables sont sortis de Cluny. C'est à Cluny et dans les monastères de son obédience qu'a été préparée et accomplie la renaissance intellectuelle et artistique des douzième et treizième siècles. L'influence de cette abbaye fut prépondérante dans le monde chrétien pendant trois cents ans.

Les papes Grégoire VII, Urbain II et Pascal II étaient des moines de Cluny.

L'église abbatiale, construite de 1089 à 1131, d'après les plans de deux moines de l'abbaye, était la plus vaste et la plus magnifique basilique de la chrétienté. Saint-Pierre de Rome, seule, a pu lui être comparée.

Ce chef-d'œuvre artistique n'avait pas eu à souffrir pendant la Révolution ; sous le Consulat, il fut mis en adjudication pour être démoli, et il tomba sous la pioche des compagnies de démolition restées célèbres sous le nom de *bande noire*.

L'un des transepts seul est resté ; il constitue à lui seul toute une église, qui sert à l'école normale professionnelle.

LES PERSONNAGES REMARQUABLES

DU

DÉPARTEMENT DE SAONE-ET-LOIRE

SACROVIR (Julius). — Noble Eduen, né à Autun, mort l'an 21 de notre ère.

Les cités de la Gaule, fatiguées de la domination romaine et de l'énormité des impôts, tentèrent un suprême effort pour recouvrer leur indépendance.

Les deux chefs principaux choisis pour diriger le mouvement furent Sacrovir et Florus.

Tous deux appartenaient à d'anciennes familles gauloises. « Les hauts faits de leurs ancêtres, — dit Tacite, — avaient été récompensés par le titre de citoyen romain, à une époque où cette distinction, rarement accordée, n'était donnée qu'au mérite. »

La mort de Germanicus, fils adoptif de Tibère, fut le signal de la révolte.

Florus, qui était du pays de Trèves, devait soulever les Belges ; l'Eduen Sacrovir, le reste de la Gaule.

L'insurrection fut mal dirigée ; les cités gauloises ne surent pas agir avec ensemble. Les Andécaves et les Turoniens, qui se soulevèrent les premiers, furent écrasés par les généraux romains Varron et Aviola.

Florus, qui avait réuni une armée assez nombreuse, mais mal organisée et peu exercée, fut cerné dans la région des Ardennes par les deux armées romaines de Varon et de Silius. Après une courte lutte, l'armée gauloise fut détruite ou dispersée. Florus, qui avait échappé au massacre, se voyant sur le point d'être fait prisonnier, se donna la mort.

Chez les Eduens, l'effort fut plus considérable, car la confédération était plus puissante et plus riche.

Sacrovir, avec des soldats bien armés, s'empara d'abord d'Autun, leur capitale, ainsi que des enfants des plus nobles familles gauloises, venus dans cette ville pour étudier les arts libéraux.

Autun, aujourd'hui déchue de son ancienne splendeur, était alors une cité florissante, un centre d'études, « la sœur et l'émule de Rome. »

Sacrovir se vit bientôt à la tête d'une armée de 40,000 hommes, dont le cinquième était organisé et instruit à la romaine.

Silius, après avoir battu les Séquaniens également soulevés, se dirigea sur Autun avec deux légions et un corps d'auxiliaires. Il rejoignit l'armée de Sacrovir sur le plateau de Saint-Émiland, à l'est d'Autun, et à une distance de 12 milles.

L'armée gauloise ne put soutenir le choc des légions romaines ; elle fut battue, et en grande partie massacrée.

Sacrovir s'enfuit d'abord à Autun, mais, craignant d'être livré, il se retira, avec ses amis les plus dévoués, dans une villa située aux environs, sur le territoire de Cordesse. Là il se donna la mort ; les autres se tuèrent mutuellement, et l'incendie qu'ils avaient allumé les consuma tous.

Notre grand historien Michelet pense que la religion ne fut pas étrangère à cette révolte, et que Sacrovir devait être le chef des Druides.

On sait que les Romains forcèrent les Gaulois à adopter leur propre religion, et que les druides, persécutés, opposèrent aux vainqueurs une longue résistance.

SAINT SYMPHORIEN. — Martyr chrétien, mort à Autun, en 179, sous le règne de Marc-Aurèle.

Symphorien appartenait à une famille de riches bourgeois. Son père avait recueilli les premiers prédicateurs, Bénigne et Andoche, venus dans le pays pour enseigner l'Évangile.

Symphorien reçut le baptême et devint un des plus ardents néophytes de sa ville natale.

Un jour qu'on célébrait en grande pompe la fête de Cybèle, il refusa d'adorer la déesse.

Conduit aussitôt devant Héraclius, gouverneur de la province, il fut d'abord interrogé, puis jeté en prison, après avoir été flagellé.

Quelques jours après, Héraclius le fit venir et l'engagea de nouveau à abandonner le christianisme, lui promettant les faveurs impériales.

Symphorien fut inébranlable dans sa foi. Condamné à mort, il subit le dernier supplice avec un grand courage.

Pendant qu'on le conduisait sur le lieu de l'exécution, on raconte que sa mère, montée sur le haut des remparts, l'exhortait à bien mourir : « Armez-vous de courage, disait-elle; la mort n'est que le commencement de la vie éternelle. »

Saint Symphorien est un des martyrs les plus célèbres de l'église des Gaules.

Un de nos plus illustres peintres, Ingres, a représenté dans un tableau le martyre de saint Symphorien. Ce tableau figure actuellement dans la cathédrale d'Autun, dont il est une des richesses.

PONTHUS DE THIARD. — Poëte et prélat français, né à Bissy, en 1521, mort à Bragny en 1605.

Ponthus de Thiard reçut une excellente éducation classique ; il étudia le latin, le grec et l'hébreu et débuta dans la littérature, à l'âge de vingt-deux ans, par la publication d'un volume de vers. Six ans plus tard, il fit paraître un nouvel ouvrage, *Les erreurs amoureuses*, qui obtint un vif succès.

On lui attribua une grande influence sur la littérature de son temps « pour avoir retiré notre poésie du bourbier d'ignorance. »

Il fit partie de la Pléiade, ce groupe de poëtes dont Ronsard était le chef.

Ponthus de Thiard fut un des esprits les plus originaux du seizième siècle. Ses vers se recommandent, en général, par l'élégance, la facilité, la grâce ; il peut être mis en parallèle avec les meilleurs poëtes de son temps.

Il aimait l'étude avec passion et s'y livrait avec assiduité. Sans abandonner la poésie, il étudia la théologie et la philosophie, et, en 1571, fut nommé évêque de Chalon.

Il remplit avec dignité les devoirs de sa charge et se fit remarquer par son zèle à défendre les prérogatives royales.

En 1588, il fit partie de l'assemblée des Etats Généraux, réunis à Blois.

« Et surtout, il me souviendra, — dit un auteur du temps, — qu'estant le premier des députés de sa province, en l'assemblée des Estats qui fut tenue à Blois, l'an 1588, lui seul se roidit pour le service du roi contre le demeurant du clergé, lequel, en ses communes délibérations, ne respirait que rébellion et avilissement de la majesté de nos rois. »

Ponthus de Thiard a publié plusieurs ouvrages de philosophie religieuse et de théologie. Son homélie la plus célèbre est celle de la Patenôtre (*Pater*).

Les poètes de la Pléiade, longtemps oubliés, sont aujourd'hui appréciés. Des éditions de leurs œuvres choisies ont été publiées et ont obtenu un légitime succès.

C'est Sainte-Beuve, un des meilleurs critiques de notre siècle, qui a eu le mérite de mettre en relief et de faire goûter les beautés, trop méconnues, de notre littérature du seizième siècle.

JEANNIN (Pierre). — Magistrat et diplomate français, né à Autun, en 1540, mort en 1722.

Pierre Jeannin était fils d'un tanneur. Destiné à la magistrature, il fit ses études à Paris, puis à Bourges, où professait alors l'éminent jurisconsulte Cujas, et fut reçu avocat en 1569.

Sa jeunesse agitée ne fut pas exempte de reproches.

En 1572, il était conseiller de la province de Bourgogne. A la Saint-Barthélemy, il eut assez d'influence pour empêcher le massacre des protestants dans la ville de Dijon.

Député du tiers aux Etats de Blois (1576), il se prononça pour la tolérance à l'égard des protestants.

Jeannin devint successivement conseiller au parlement de Dijon, puis président. Il entra dans le parti de la Ligue et y exerça une grande influence. C'est lui qui fut chargé de la rédaction du traité conclu entre la Ligue et le roi d'Espagne, Philippe II.

Très lié avec Mayenne, dont il était le conseiller, il réconcilia ce prince avec Henri de Navarre.

Henri IV nomma le président Jeannin conseiller d'État, puis intendant des finances. Il lui confia des négociations très importantes : traité de Vervins, traité avec la Savoie, trêve de douze ans entre l'Espagne et la Hollande.

Jeannin prit une grande part à la préparation de l'*Édit de Nantes*.

On lui reproche, avec raison, d'avoir contribué au rappel des Jésuites, mesure impolitique.

Henri IV estimait beaucoup le président Jeannin qu'il recommanda à Marie de Médicis.

Après l'attentat de Ravaillac, il fut chargé par la régente de l'administration des finances.

Le président Jeannin a été un bon ministre ; tant qu'il resta au pouvoir, les finances furent gérées avec sévérité ; des réformes importantes, dont profitèrent les contribuables, furent accomplies, grâce à son initiative.

Il a laissé la réputation d'un magistrat intègre et d'un diplomate habile.

La cathédrale d'Autun renfermait un monument funèbre du président Jeannin et de sa femme. Ce monument a été brisé pendant la Révolution ; il n'en reste que les deux statues, qui en constituaient la partie la plus précieuse.

GREUZE (Jean-Baptiste). — Célèbre peintre, né à Tournus en 1725, mort à Paris en 1805.

Fils d'un ouvrier, Greuze montra de bonne heure du goût pour le dessin. Il commença ses études à Lyon, et suivit les cours de l'Académie de peinture à Paris.

Son premier tableau fut un chef-d'œuvre. Il a pour sujet : *Le père de famille expliquant la Bible à ses enfants.*

Greuze voulut faire de la peinture historique ; ses essais ne furent pas heureux, et il revint à la peinture de genre, pour laquelle il avait un talent remarquable. Aucun peintre n'a su, comme lui, représenter les scènes d'intérieur. La plupart de ses tableaux sont de petits poèmes remplis de grâce, de naïveté, de finesse et de fraîcheur.

Parmi ses chefs-d'œuvre, nous citerons : *La petite Fille au chien*, *l'Accordée de village*, *la Belle-Mère*, *la Cruche cassée*, *la Jeune Fille pleurant son Oiseau mort*, *la Bénédiction paternelle*, *l'Enfant au Capucin*, *le Portrait du graveur Wille*, *le Portrait de Greuze*.

La plupart de ses belles toiles ont été reproduites et popularisées par la gravure.

La fin de sa vie fut pénible et attristée. Il avait acquis par son travail une honnête aisance; ses économies, placées chez des banquiers infidèles ou ruinés par la Révolution, furent perdues.

A cette époque, les artistes trouvaient difficilement à placer leurs travaux; les meilleures toiles du grand peintre se vendaient à vil prix.

La Convention décida que des logements gratuits seraient donnés aux littérateurs et aux artistes qui auraient bien mérité de leur art. Greuze eut un appartement dans les Galeries du Louvre. C'est là qu'il mourut, dans l'abandon, presque dans l'indigence.

De ses nombreux amis, un seul lui était resté fidèle, l'auteur du *Voyage du jeune Anacharsis en Grèce*, Barthélemy.

Le jour de sa mort, Greuze dit à son ami : « Tu seras le chien du pauvre, à mon enterrement, car tu seras seul ! » Effectivement, Barthélemy fut seul pour conduire le grand peintre à sa dernière demeure.

Le corps fut jeté dans la fosse commune.

Quand Napoléon apprit que Greuze était mort pauvre et délaissé, il s'écria : « Que ne parlait-il ? Je lui aurais donné une cruche de Sèvres, pleine d'or, pour payer ses cruches cassées ! »

Les tyrans ont toujours eu un faible pour les mendiants.

Mais le vieux peintre était trop fier et trop digne pour s'abaisser jusqu'à tendre la main.

La ville de Tournus, reconnaissante, lui a élevé une statue de marbre.

BOICHOT, sculpteur français, né à Châlon, en 1738, mort en 1814.

Il était fils d'un coutelier ; sa famille était trop pauvre pour le faire étudier ; c'est à force d'énergie et de persévérance qu'il parvint à s'instruire.

Boichot, après avoir étudié en France, se rendit en Italie pour perfectionner son éducation artistique.

A son retour, il ne tarda pas à être nommé membre de l'Académie de sculpture.

Pendant la Révolution, il devint professeur de dessin à l'école centrale d'Autun. Cette école, fondée en 1795, ne prospéra point et fut supprimée en 1802.

Quand l'Institut eut été réorganisé par le premier consul, Boichot en devint membre correspondant.

Ses œuvres les plus remarquables sont :

Les bas-reliefs représentant les Fleuves, à l'arc de triomphe du Carrousel, la statue de saint Roch, à Paris, dans l'église du même nom, le groupe de saint Michel, la statue colossale d'Hercule.

Boichot a été un artiste consciencieux, modeste, sachant allier l'élégance à la sévérité du style.

Ses œuvres, très appréciées, rappellent la manière d'un sculpteur célèbre : Jean Goujon.

L'église de Saint-Marcel, près Chalon, renferme plusieurs œuvres de Boichot.

RORERJOT (Claude), homme politique et diplomate, né à Mâcon en 1752, mort à Rastadt, en 1799.

En 1779, il fut nommé curé de la paroisse de Saint Pierre, à Mâcon ; mais il ne conserva ces fonctions que pendant quelques mois. La même année, il fut installé, au même titre, dans la petite paroisse de Saint-Vérand, près Mâcon.

Il adopta avec enthousiasme les principes de la Révolution, et prit une part active aux mouvements de cette grande époque. Il fut d'abord chargé d'administrer le district de Mâcon ; en 1791, l'assemblée électorale du district lui rendit, en qualité de prêtre assermenté, la cure de Saint-Pierre.

En novembre 1792, il fut élu député suppléant à la Convention et, quelque temps après, nommé président de l'administration de Saône-et-Loire.

Il vint siéger à la Convention en 1793, en remplacement de Cerra, exécuté avec les Girondins, à la suite des événements du 31 mai de la même année.

En l'an III de la République, il fut envoyé comme commissaire de la Convention aux armées du Nord et de Sambre-et-Meuse, et assista à la conquête de la Hollande.

A son retour, il fit décréter la réunion de la Belgique à la France.

L'habileté dont il avait fait preuve dans ces diverses circonstances l'avait mis en lumière.

Nommé membre du Conseil des Cinq-Cents, il fut envoyé, en 1797, comme ministre plénipotentiaire à Hambourg, puis à La Haye.

C'est de là qu'il fut délégué au Congrès de Rastadt, réuni pour régler les questions diverses soulevées par le traité de Campo-Formio.

Après six mois de négociations laborieuses, le congrès fut brusquement rompu.

Au moment où nos délégués, au nombre de trois, partaient pour regagner la France, ils furent assassinés, presque à leur sortie de Rastadt, par les hussards autrichiens du régiment de Szeckler (28 avril 1799.)

Roberjot et Bonnier furent tués à coups de sabre ; le troisième délégué, Jean Debry, quoique grièvement blessé, put échapper à la mort. Le massacre fut exécuté avec des circonstances atroces.

L'assassinat de nos plénipotentiaires provoqua en France une indignation générale, bien légitime.

Le Corps législatif prit une délibération pour dénoncer aux gouvernements l'attentat commis par les soldats de l'armée autrichienne.

Aux Cinq-Cents, les sièges des deux députés assassinés restèrent occupés par leurs costumes voilés d'un crêpe. A l'appel de leurs noms, tous les membres de l'Assemblée se levaient, et le Président répondait ; « assassinés au Congrès de Rastadt ! »

FRESSINET, (Philibert, baron), général français né à Marcigny en 1769, mort à Paris en 1721.

Fressinet entra au service à l'âge de seize ans.

Il fit les campagnes de la Révolution, et montra, dans

de nombreuses circonstances, une bravoure inébranlable ; il se distingua notamment en Allemagne, en Suisse et en Italie (Défense de Gênes, 1801).

Sa carrière militaire fut interrompue par un acte de courage qui fait honneur à son caractère droit et indépendant.

Il faisait partie de l'expédition de Saint-Domingue, qui avait pour but de reconquérir et de pacifier cette colonie révoltée. Le chef des noirs, Toussaint Louverture, ayant été fait prisonnier arbitrairement, le général Fressinet désapprouva la mesure. Il fut aussitôt rappelé en France, rayé des cadres, puis exilé.

Réintégré dans l'armée en 1812, il se distingua à la bataille de Lutzen (1813), fut nommé général de brigade et baron de l'Empire.

En 1815, après la rentrée de Louis XVIII en France, il défendit le général Exelmans devant le conseil de guerre.

Pendant les Cent jours, il devint chef d'Etat-major du maréchal Davoust. Enfin, après Waterloo, le général Fressinet rédigea l'adresse célèbre, dans laquelle l'armée rassemblée sous Paris demandait à continuer la lutte contre les envahisseurs.

Proscrit par la seconde Restauration, il dut fuir en Amérique, et ne rentra en France qu'en 1820, rappelé par une ordonnance royale.

Mais, en arrivant à Paris, il fut arrêté comme suspect, et resta enfermé quelque temps à la Conciergerie.

Remis en liberté, il mourut peu après, emporté par une maladie de langueur.

PRUD'HON (Pierre-Paul), l'un des plus illustres peintres de l'Ecole française, né à Cluny, mort à Paris en 1823.

Prud'hon était fils d'un pauvre tailleur de pierres, et le dernier de treize enfants.

Il fut admis à faire ses études chez les moines de Cluny, qui avaient remarqué sa belle intelligence.

De bonne heure, il montra d'excellentes aptitudes pour le dessin, et fut signalé à l'évêque de Mâcon, qui l'envoya à Dijon, dans l'atelier d'un artiste alors célèbre, Desvoge.

Il entra ensuite comme élève à l'Académie de peinture de Paris où il travailla plusieurs années.

Revenu à Dijon, il prit part au concours triennal (1784), remporta le prix, et fut envoyé à Rome pour y achever ses études.

De retour à Paris, en 1789, il fut forcé pour gagner sa vie de peindre des miniatures. La période révolutionnaire fut dure pour les artistes. Les préoccupations politiques, les guerres civiles, les guerres étrangères, n'étaient pas favorables au développement des arts.

Aussi, Prud'hon dut délaisser la grande peinture : il dessina des portraits, des compositions allégoriques, et travailla pour les éditeurs à l'illustration de différents ouvrages.

Parmi ces dessins, nous citerons : *la Vengeance de Cérès, la Prise de la Bastille, la Liberté renversant l'Hydre de la tyrannie*. Il obtint plusieurs prix dans les concours de dessin et de peinture, organisés par la Convention, qui faisait ce qu'elle pouvait pour encourager les artistes.

Des chagrins de famille, les querelles d'école et les critiques passionnées, les difficultés de toute sorte qu'il rencontra pendant cette époque tourmentée, le rendirent très malheureux, mais n'abattirent pas son courage et son énergie.

La période qui suivit fut plus féconde.

Sous le Consulat, Prud'hon, alors dans toute la maturité de son talent, fut chargé par le gouvernement de travaux importants.

Ses toiles les plus remarquables sont :

Diane implorant Jupiter, Vénus et Adonis, l'Enlèvement de Psyché, le Zéphir se balançant au-dessus de l'eau, le Christ expirant, la Justice et la Vengeance divine poursuivant le crime.

Cette dernière, une des plus splendides et des plus connues, est actuellement au Musée du Louvre.

Tous les tableaux de Prud'hon se recommandent par la pureté du dessin, l'invention, l'imagination, la richesse du coloris, le pittoresque de l'exécution, le naturel et la grâce.

Ses moindres œuvres sont aujourd'hui fort recherchées, et se vendent à des prix très élevés.

En 1874, une exposition des œuvres de Prud'hon a été organisée à l'école des Beaux-Arts, au profit de la fille du grand artiste, ruinée par l'invasion allemande.

DENON (baron), né à Chalon-sur-Saône en 1747, mort à Paris en 1825.

Le baron Denon fut à la fois diplomate, artiste et écrivain, mais surtout courtisan habile, possédant au suprême degré ce qu'on appelle l'entregent.

Sa carrière a été tourmentée, bizarre.

Après avoir fait d'assez bonnes études à Lyon, il se rendit à Paris. Là, il s'essaya successivement dans la littérature et dans la gravure à l'eau-forte.

Quelques paroles flatteuses, adroitement placées, lui attirèrent la faveur du roi Louis XV, qui le chargea du soin de la collection des pierres gravées que madame de Pompadour avait laissée au roi. Plus tard, il obtint une charge de gentilhomme ordinaire, puis fut envoyé à Saint-Pétersbourg, comme secrétaire d'ambassade. Il fit preuve dans ces dernières fonctions d'une souplesse et d'une habileté remarquables.

A la mort de Louis XV, le comte de Vergennes, ministre des affaires étrangères, le chargea d'une mission en Savoie. La mission terminée, le baron Denon fut nommé attaché d'ambassade à Naples.

Malgré ses occupations diplomatiques, Denon avait continué à cultiver l'art du dessin, pour lequel il avait du goût et des dispositions. Pendant ses voyages, il recueillit un grand nombre de dessins qu'il grava plus tard à l'eau-forte.

En 1787, il fut reçu membre de l'Académie des Beaux-Arts, en qualité de graveur.

En 1789, Denon était à Venise. Effrayé de l'effervescence produite en Italie par la Révolution française, il s'enfuit et se retira en Suisse. Là, il apprit que ses biens étaient confisqués, et qu'il était considéré comme émigré.

Il résolut de payer d'audace, et se rendit à Paris. Grâce à l'amitié du peintre David, qui le prit sous sa protection et le sauva de l'échafaud, le baron Denon put traverser sans danger la période révolutionnaire.

Admis dans les salons de madame de Beauharnais, il

ut gagner l'amitié du général Bonaparte qui l'enrôla dans l'expédition d'Egypte.

Quoiqu'il fût alors âgé de 50 ans, il fit preuve, pendant son séjour en Egypte, d'une énergie rare et d'une bravoure insouciante.

A son retour, il publia un ouvrage illustré intitulé : *Expédition d'Egypte*, qui obtint un immense succès.

Napoléon Ier le nomma directeur des musées impériaux; dès lors, le baron Denon se fit remarquer par son zèle de courtisan et son admiration pour l'idole du jour.

En 1815, il offrit sa démission au roi Louis XVIII et rentra dans la vie privée.

Le baron Denon a laissé un nombre considérable de gravures à l'eau-forte; aucune de ces gravures n'a de valeur artistique réelle, et ne peut être comparée à celles des maîtres du genre.

Après les Cent-Jours, les musées français furent dévastés par les armées alliées. Sous prétexte de reprendre les œuvres d'art enlevées par Napoléon aux différents musées de l'Europe, les richesses artistiques de la France furent mises pour ainsi dire au pillage.

Le baron Denon défendit avec énergie le musée du Louvre contre les spoliateurs. Grâce à son habileté et à son courage, de nombreux chefs-d'œuvre ont pu être conservés. Sa conduite, dans ces circonstances douloureuses, fut unanimement approuvée et lui mérita la reconnaissance de tous les amis des arts et de la civilisation.

MADAME DE GENLIS (Stéphanie Ducrest), femme auteur, préceptrice du roi Louis-Philippe, née à Issy-l'Évêque, en 1746, morte à Paris en 1830.

Elevée par sa mère qui lui donna de bonne heure le goût des livres, elle montra les meilleures dispositions pour l'étude. Intelligence remarquable, esprit vif et enjoué, elle fut dans son enfance ce qu'on appelle un petit prodige.

Des revers de fortune ayant ruiné sa famille et amené la mort de son père, Stéphanie Ducrest se trouva brusquement dans une grande pauvreté. C'est alors qu'elle fut recueillie, ainsi que sa mère, par La Popelinière, riche financier de l'époque.

Sa grande beauté, le charme de son esprit lui attirèrent de nombreux admirateurs. Elle épousa, à l'âge de seize ans, le comte de Genlis, colonel des grenadiers de France.

Dès ce moment, madame de Genlis, dont les occupations avaient été un peu frivoles, fut prise d'une grande ardeur pour l'étude. Elle se livra au travail avec un enthousiasme, une persévérance et une opiniâtreté remarquables. Aussi, en peu d'années, elle acquit les connaissances les plus variées. En même temps, elle éprouva pour l'enseignement un penchant irrésistible. Son plus grand bonheur était d'apprendre aux autres ce qu'elle savait. L'éducation fut dès lors sa préoccupation dominante et comme le but de sa vie.

Nommée dame d'honneur de la duchesse de Chartres, elle fut bientôt chargée par le duc de l'éducation de ses enfants, parmi lesquels se trouvait le futur roi de France, Louis-Philippe.

« La manière dont elle conçut et dirigea l'éducation des enfants d'Orléans, — dit Sainte-Beuve, — est extrêmement remarquable, et dénote chez l'institutrice un sens de la réalité plus pratique que ses livres seuls ne sembleraient l'indiquer. »

Madame de Genlis, quoique attachée fortement à l'ancien régime, accueillit d'abord la Révolution. Mais les effervescences populaires ne tardèrent pas à l'épouvanter; elle émigra. Elle habita successivement l'Angleterre, l'Allemagne et la Suisse.

En 1801, elle obtint la permission de rentrer en France. Bonaparte, alors premier Consul, et dont on connaît l'hostilité pour les femmes de lettres, fut charmé de son esprit et de sa conversation. Il lui accorda une pension de 10,000 francs, et un magnifique logement à la bibliothèque de l'Arsenal.

Plus tard, madame de Genlis déplut à Bonaparte et fut disgraciée à la suite de la publication de son *Histoire de Henri IV*.

A la rentrée des Bourbons, le duc d'Orléans intercéda auprès du roi Louis XVIII pour son ancienne institutrice : sa pension et son logement lui furent rendus.

Madame de Genlis a écrit un grand nombre d'ouvrages, et abordé presque tous les genres : histoire, roman, théâtre, éducation.

Nous citerons, parmi les plus connus et les meilleurs : *Veillées du château* ; *Les Petits Émigrés* ; *Mademoiselle de Clermont*. Elle a laissé de volumineux mémoires qui contiennent beaucoup de détails intéressants sur la société de son époque.

Madame de Genlis est un écrivain facile, abondant, mais peu original : ses livres sont aujourd'hui délaissés.

NIEPCE (Nicéphore), inventeur de l'héliographie, né à Chalon en 1765, mort en 1833.

Niepce embrassa la carrière des armes. Nommé en 1792 sous-lieutenant d'infanterie, il prit part aux campagnes de Sardaigne et d'Italie. Bientôt une maladie grave et la faiblesse de sa vue l'obligèrent à quitter l'armée. En 1794, il fut nommé membre de l'administration du district de Nice.

Mais la carrière administrative n'avait aucun attrait pour lui ; de bonne heure, il avait montré un goût très vif pour la mécanique et les sciences physiques.

En 1801, il quitta l'administration pour se livrer tout entier aux recherches scientifiques.

Ses premiers travaux portèrent sur la mécanique, sur la matière colorante du pastel, et lui attirèrent l'attention et les encouragements du monde savant.

Mais ses premières inventions ont été éclipsées par sa grande découverte de l'héliographie, qui absorba le reste de son existence.

Niepce s'appliqua d'abord à perfectionner la lithographie, inventée en 1812. Il substitua à la pierre une plaque d'étain poli ; ensuite il eut l'idée, bien hardie à cette époque, de remplacer le crayon lithographique par l'action du soleil, en employant la chambre noire. La lumière devait faire elle-même le dessin.

Après des travaux multipliés et des essais sans nombre, voici comment il y parvint :

Niepce découvrit d'abord que le bitume noir de Judée, exposé à la lumière du soleil, blanchit et devient insoluble dans l'essence de lavande.

Il prenait une plaque de cuivre parfaitement polie

et l'enduisait d'une mince couche de bitume de Judée. Plaçant devant la chambre noire le dessin qu'il s'agissait de reproduire, il introduisait au foyer de cette chambre la plaque qu'il avait préparée.

Au bout de quelque temps, le dessin était reproduit, fixé sur la plaque.

Cette plaque était ensuite plongée dans un bain d'essence de lavande. Le bitume se dissolvait et laissait le cuivre à nu, sur tous les points qui n'avaient pas été frappés par la lumière.

En soumettant la plaque à l'action d'un acide qui rongeait le métal sans toucher au bitume, on obtenait un dessin en relief, semblable au modèle, d'une fidélité et d'une finesse remarquables.

Le dessin une fois gravé, on enlevait le bitume par un nouveau lavage, et la plaque était préparée; on pouvait s'en servir pour imprimer des exemplaires du dessin.

C'est ainsi qu'ont été obtenues les premières gravures par le moyen de la lumière solaire.

Plus tard, Niepce s'associa avec Daguerre, à l'effet de perfectionner et d'exploiter cette invention (1829).

Daguerre apporta des améliorations et des perfectionnements importants à l'œuvre de Niepce. Mais il montra une ingratitude coupable à l'égard de son associé. L'invention, communiquée à l'Académie des Sciences en 1839, sous le nom de Daguerréotype, fut achetée par l'État.

Pendant longtemps le nom de Niepce est resté presque inconnu; son associé avait su accaparer la gloire de cette admirable invention.

La postérité, plus impartiale, a tout remis à sa place. Tout en rendant justice aux travaux de Daguerre, on a dû reconnaître que l'idée première appartenait à son associé.

Niepce a été un savant modeste, honnête et désintéressé. La ville de Chalon lui a élevé une statue sur une de ses principales places.

RAMBUTEAU (Comte de), homme politique et administrateur français, né à Charnay en 1781, mort en 1869.

Il appartenait à une famille noble de Bourgogne; son mariage avec la fille du comte de Narbonne, qui avait été ministre au commencement de la Révolution, facilita son entrée à la cour impériale. En 1809, il fut nommé chambellan de Napoléon Ier.

Chargé d'une mission en Westphalie, il fut ensuite nommé préfet du Simplon, puis, en 1814, préfet de la Loire.

Au moment de l'invasion des armées alliées, Rambuteau organisa la résistance dans son département; il activa la fabrication des armes dans la manufacture de Saint-Étienne, et forma quatre bataillons de garde nationale mobile. La ville de Roanne, parfaitement défendue, ne capitula qu'en avril, après Paris, Lyon et Toulouse.

La belle conduite du préfet de la Loire lui valut une grande popularité. La Restauration n'osa pas le destituer.

Pendant les Cent-Jours, Rambuteau fut nommé député de la Loire, puis chargé par Napoléon d'administrer les départements de l'Allier et de l'Aude, avec des pouvoirs extraordinaires.

Après Waterloo, il fut destitué par la seconde Restauration. Rentré dans la vie privée, il s'occupa d'agriculture.

En 1827, il fut nommé représentant à la Chambre des députés par les électeurs de l'arrondissement de Mâcon. Il fit partie de l'opposition libérale, et signa l'adresse des 221.

Il prit part à tous les événements qui amenèrent la révolution de Juillet, la chute de la monarchie autoritaire et l'établissement du gouvernement de Louis-Philippe auquel il se dévoua.

En 1833, Rambuteau fut nommé préfet de la Seine; il conserva ces importantes fonctions jusqu'à la révolution de Février.

Dans cette situation, il fit preuve de qualités éminentes. Sous son administration, la ville de Paris subit des transformations importantes : le système d'égouts fut amélioré et remanié, les boulevards extérieurs percés, les quais, les boulevards, les principales places plantés d'arbres. Plusieurs quartiers malsains furent aérés par le percement de rues nouvelles aux environs des Halles et de l'Hôtel-de-Ville; un grand nombre d'édifices furent construits, restaurés ou achevés: l'arc de triomphe de l'Étoile, la Madeleine, le Conservatoire des Arts et Métiers, l'hôpital Lariboisière, la prison de Mazas.

La plupart des transformations opérées par Rambuteau furent, à l'époque, vivement critiquées. Aujourd'hui, on rend justice aux efforts d'une administration qui a produit de tels résultats sans surcharger outre mesure les contribuables.

Un des quartiers neufs de la ville de Mâcon porte le nom de quartier Rambuteau.

LAMARTINE (Alphonse de), né à Mâcon en 1791, mort à Paris en 1869. Un des plus grands poètes qu'ait produits la France.

Élevé par sa mère au château de Milly, il commença ses études sous la direction d'un prêtre; plus tard, il fut mis au séminaire de Belley, où il acheva son éducation.

En sortant du séminaire, il était déjà poète. Quand il atteignit l'âge de vingt ans, sa famille le fit voyager. Son père, ancien capitaine de chevau-légers, était un fervent royaliste; il désirait faire de son fils un soldat, mais il ne pouvait lui permettre de servir sous Bonaparte.

Lamartine parcourut l'Italie, résida quelque temps à Florence, puis à Rome et à Naples. C'est alors qu'il ébaucha ses premières poésies, publiées plus tard sous le titre de : *Méditations*.

A la rentrée des Bourbons, il s'engagea dans le régiment des gardes du corps.

En 1820, il publia son premier livre : *Méditations*.

L'effet que produisit ce volume de poésies sur la génération de l'époque fut réellement immense. En 1823 parurent les *Nouvelles Méditations*, dont le succès fut aussi très grand; elles furent suivies des *Harmonies poétiques*. En 1830, il entra à l'Académie française.

Quelques années après, Lamartine était élu député; il se montra un ardent apôtre du progrès, et prononça à la tribune de la Chambre plusieurs discours éloquents.

Jocelyn, publié en 1836, fut très bien accueilli. Son

Histoire des Girondins lui valut un véritable triomphe (1846).

Lamartine, qui n'avait accepté que sous réserve le gouvernement de Juillet, resta dans l'opposition et refusa son appui au parti conservateur, qu'il appelait « le parti des bornes. »

Il eut une grande part aux événements qui amenèrent la chute de Louis-Philippe. Le 24 février, la République fut proclamée, et un gouvernement provisoire installé à l'Hôtel-de-Ville.

Lamartine devint le membre le plus influent de ce gouvernement. Il fit preuve, dans cette haute situation, d'une activité, d'un courage et d'un sang-froid admirables ; il tint tête à l'émeute, rassura, dans une proclamation célèbre, l'Europe alarmée, et conjura le danger d'une coalition contre la République.

Les événements du 16 avril 1848, et surtout les journées de Juin, lui firent perdre sa popularité.

Candidat à la présidence de la République, il n'obtint que 8,000 voix.

Après le coup d'État du 2 décembre 1851, Lamartine abandonna la politique et revint à la littérature.

La fin de sa vie fut attristée par la perte de sa fortune. Malgré un travail acharné, le grand poète ne parvenait pas à payer ses dettes. Il eut la faiblesse d'accepter du gouvernement impérial une aumône d'un demi-million.

Il s'éteignit le 9 mars 1869, à Passy, dans une belle habitation que la ville de Paris avait mise à sa disposition pour toute sa vie.

L'empire décréta que les funérailles auraient lieu aux frais du Trésor public. Cette suprême humiliation fut épargnée au grand homme : sa famille refusa et il fut enterré à Saint-Point, sans le concours du monde officiel.

La ville de Mâcon a élevé à Lamartine une statue de bronze sur le quai de la Saône, en face de l'hôtel de ville. Le poète est représenté debout dans une attitude noble et fière.

Aujourd'hui, la France a oublié les défaillances de l'homme et ne se souvient que de la gloire du poète.

Les vers de Lamartine ont charmé plusieurs générations; ses poésies sont dans toutes les mémoires; elles resteront comme une des manifestations les plus belles du génie poétique de notre race.

NIEPCE DE SAINT-VICTOR, inventeur de la photographie sur verre, né à Saint-Cyr, près de Chalon, en 1805, mort à Paris en 1870.

Il était le cousin de Nicéphore Niepce, l'inventeur de l'héliographie, dont nous avons retracé l'histoire.

Niepce de Saint-Victor entra à l'école de Saumur et en sortit, en 1827, avec le grade de maréchal des logis.

Il avait un goût décidé pour la chimie, et employait ses loisirs à des recherches scientifiques. Ses premières découvertes portèrent sur les matières colorantes.

Plus tard, nommé lieutenant à Paris, dans la garde municipale, il installa un laboratoire dans la salle de police des sous-officiers, et s'occupa des perfectionnements de l'héliogravure. Ses efforts ne tardèrent pas à être couronnés de succès.

Au mois de juin 1848, Niepce de Saint-Victor communiquait à l'Académie des sciences les procédés de photographie sur verre qu'il avait découverts. Ces procédés ont fait faire des progrès immenses à la science photographique.

Voici, en quelques mots, en quoi consiste l'invention de Niepce de Saint-Victor.

Une plaque de verre, recouverte d'une mince couche d'albumine, est rendue sensible à la lumière à l'aide de l'iodure d'argent. Cette plaque, placée dans la chambre obscure, sert à donner une épreuve négative, un cliché négatif.

Dans cette image, les parties éclairées de l'objet à représenter sont en noir. Au contraire, les parties obscures se trouvent transparentes, quand on a enlevé l'iodure d'argent non altéré par les rayons lumineux.

L'image obtenue est donc inverse du modèle.

A l'aide de cette épreuve négative, on peut obtenir autant de reproductions que l'on veut de l'image dont il s'agit.

Il suffit de prendre une feuille de papier sensibilisé, de la recouvrir avec le cliché, et de placer le tout dans la chambre noire. On obtient une seconde image, absolument semblable au modèle, et d'une fidélité parfaite; un rayon de lumière suffit; on n'a plus besoin du modèle.

En 1854, Niepce de Saint-Victor, alors chef d'escadron, fut nommé commandant du Louvre. Il y continua dès lors ses études photographiques, et chercha à reproduire les images avec leurs couleurs naturelles. Après de laborieuses recherches, il réussit à fixer quelques-unes des couleurs principales. Mais les épreuves qu'il obtint s'altéraient rapidement à la lumière.

Cette grande question a été depuis l'objet de nouvelles recherches et de travaux importants; elle n'est point encore résolue.

Niepce de Saint-Victor a laissé plusieurs mémoires où sont exposés ses travaux; enfin il est l'inventeur d'un vernis excellent, qui a beaucoup contribué aux progrès de l'héliogravure.

Les noms de Nicéphore Niepce et de Niepce de Saint-Victor sont désormais liés à l'histoire de l'héliographie, cette invention admirable, l'une des plus merveilleuses de notre siècle.

CLÉMENCE ROBERT est née à Mâcon en 1797, et est morte à Paris en 1872.

Elle reçut une excellente éducation. Dès le jeune âge, elle montra pour l'étude un goût décidé. D'une intelligence remarquable, elle profita admirablement des leçons de ses maîtres.

Son père, qui était juge au tribunal civil, possédait une bibliothèque assez riche, comprenant les œuvres des principaux écrivains français. La petite Clémence, après avoir appris ses leçons, et pendant que son père était occupé au tribunal, se rendait en cachette dans la bibliothèque, et lisait avidement les œuvres de Rousseau, de Voltaire, de Montesquieu. A l'heure où l'audience devait finir, la petite fille quittait ses livres.

Ces fortes lectures lui inspirèrent un véritable enthousiasme pour les idées libérales.

Clémence Robert se sentit de bonne heure portée vers la littérature; elle écrivit d'abord des poésies, empreintes pour la plupart d'une philosophie gracieuse et d'un sentiment délicat.

Mais elle ne s'arrêta pas à la poésie. La prose, qui permet de serrer l'idée de plus près, convenait mieux à son tempérament d'artiste épris de vérité.

Son père étant mort en 1827, Clémence Robert s'installa à Paris avec sa mère. Son frère, Henri Robert, travaillait dans les ateliers de l'horloger Bréguet ; il était déjà connu pour ses inventions dans l'art de l'horlogerie.

C'est alors qu'elle publia ses premières poésies.

En 1832, les événements de Pologne lui suggérèrent l'idée d'une traduction des Ukrainiennes, poésies polonaises.

Mais c'est comme romancier que Clémence Robert s'est acquis une grande réputation. Elle a publié dans ce genre plus de soixante ouvrages, dont beaucoup ont obtenu un grand succès.

Son nom ne tarda pas à devenir populaire presque à l'égal de ceux d'Alexandre Dumas, Paul Féval, Frédéric Soulié.

Clémence Robert salua la République de 1848 par une pièce de vers qui obtint alors un succès considérable.

Le plus dramatique et le plus populaire des romans de Clémence Robert est intitulé : *Les Quatre sergents de la Rochelle*.

Tous ses ouvrages se recommandent par des vues ingénieuses, et des observations vraies et délicates.

MATHIEU (Claude-Louis). — Astronome français, membre de l'Institut, né à Mâcon en 1783, mort en 1875.

Fils d'un menuisier, il étudia dans sa ville natale les premiers éléments des sciences. Son père l'envoya ensuite à Paris où il suivit assidûment les cours de Lacroix et de Delambre, savants mathématiciens. Admis à l'École polytechnique, il en sortit avec le grade d'élève ingénieur des Ponts et Chaussées.

Mais il avait une vocation décidée pour l'astronomie; il se fit attacher comme secrétaire au Bureau des Longitudes.

Il prit part aux travaux de Biot sur les mouvements du pendule, entra à l'Observatoire, et remporta, en 1809, le prix d'astronomie fondé par Lalande.

L'Académie des sciences lui ouvrit ses portes en 1817.

Il fut chargé par le gouvernement d'inspecter les travaux du cadastre, commencés en 1810, et terminés seulement en 1858.

Mathieu fut successivement suppléant de Delambre dans la chaire d'astronomie du Collège de France, professeur à l'Ecole polytechnique et examinateur de sortie, membre titulaire, puis président du Bureau des Longitudes.

Les électeurs de Mâcon lui confièrent le mandat de député qu'il conserva depuis 1834 jusqu'en 1848.

Mathieu était républicain; aussi, il vota constamment avec l'extrême gauche. Il rédigea des rapports intéressants sur l'établissement des chemins de fer, et contribua à faire adopter la loi qui rendait obligatoire en France l'emploi du système métrique.

Il prit une part active à la Révolution de février 1848; élu représentant du peuple à l'Assemblée Constituante, il vota avec les républicains modérés.

Non réélu à l'Assemblée Législative, il abandonna définitivement la politique, pour se consacrer entièrement à la science.

Mathieu a été un savant laborieux.

Il a laissé un grand nombre de rapports scientifiques insérés dans l'Annuaire du Bureau des Longitudes.

CHANGARNIER, général français, né à Autun en 1793, mort à Paris en 1877.

Elève de l'Ecole de Saint-Cyr, Changarnier prit part à l'expédition d'Espagne (1823), puis fut envoyé en Algérie en 1830. Il était alors capitaine.

Sa belle conduite pendant la retraite de l'armée française, après l'échec du Maréchal Clausel devant Constantine, le rendit populaire dans l'armée d'Afrique. Il devint successivement colonel, général de brigade, puis général de division en 1843.

Au moment de la Révolution de Février, Changarnier commandait la place d'Alger. Il offrit ses services au gouvernement provisoire et sollicita le commandement d'un corps d'armée. Sa demande ayant été repoussée, il vint à Paris, et après la journée du 16 avril, réussit à se faire nommer Gouverneur général de l'Algérie.

Élu quelque temps après député de la Seine, il fut chargé par Cavaignac, chef du pouvoir exécutif, du commandement de la Garde nationale de Paris.

Louis Bonaparte, après son élection à la Présidence, augmenta les attributions du général Changarnier, en le nommant commandant en chef des troupes de la capitale. Ce double commandement lui donnait une situation très importante. Il prit part aux mesures qui amenèrent le renversement de la République pour laquelle il manifestait une grande haine, et dont il n'avait reçu que des bienfaits.

Son ambition et son orgueil étaient sans limites.

Les partis monarchiques se flattaient qu'il les aiderait à rétablir la royauté; mais, après la journée du 13 juin 1849, Changarnier, qui avait remporté un succès facile sur des foules désarmées, montra des ambitions plus hautes, et laissa entrevoir qu'il désirait pour lui-même la première magistrature de la République.

Ces convoitises n'échappèrent pas à Louis Bonaparte, qui ne tarda pas à enlever au général Changarnier son double commandement.

Lors du coup d'État du 2 décembre 1851, Changarnier fut arrêté, envoyé à Mazas, puis expulsé du territoire.

Il supporta courageusement sa disgrâce et ne rentra en France qu'en 1859, après l'amnistie.

En 1867, il attira l'attention sur lui en publiant une brochure intitulée : *Un mot sur le projet d'organisation militaire*. Les idées exprimées dans cet écrit sur la force respective des armées française et prussienne devaient recevoir un cruel démenti.

Au moment de la déclaration de guerre, en juillet 1870, Changarnier sollicita de Napoléon III un commandement dans l'armée; sa demande fut repoussée.

Ce refus l'humilia profondément. Néanmoins, il consentit à se rendre auprès du chef de l'État, à son quartier général. Il s'attacha ensuite au maréchal Bazaine sur lequel, de l'avis de plusieurs généraux, il exerça la plus détestable influence.

Voici ce que dit à ce propos le général Coffinières :

« A côté du maréchal Bazaine, dans les conseils de guerre, se trouvait le général Changarnier, très chaud partisan de la Régence... Ce conseil de guerre, ainsi composé, ne pouvait avoir d'autre vue que la restauration impériale, et telle est, d'après ma conviction, la cause principale de nos malheurs. »

Après la guerre, Changarnier fut nommé député.

Sa haine contre la République n'avait fait que grandir depuis 1848. Aussi, il prit part à toutes les négociations entreprises pour le rétablissement de la monarchie et le retour de Henri V.

Il vota le renversement de Thiers (24 mai 1873) et soutint toutes les mesures de réaction proposées dans l'Assemblée.

A la nouvelle de sa mort, ses amis politiques demandèrent que ses obsèques fussent célébrées aux frais de l'Etat. Le gouvernement accepta la proposition. Son corps fut transporté à Autun, sa ville natale.

La France oublia un moment l'homme politique et ne se souvint que des services rendus par Changarnier en Algérie, où il avait fait preuve d'une bravoure incontestable et d'une indomptable énergie.

Le département de Saône-et-Loire a donné le jour à beaucoup d'autres personnages illustres ; nous nous bornerons à citer les principaux.

Premier siècle avant Jésus-Christ. — DIVITIACUS, chef éduen, prêtre gaulois, ami de Jules César.

DUMNORIX, noble Éduen, frère du précédent. Ces deux hommes ont joué un rôle important dans la guerre des Helvètes et dans celle des Suèves. (Début de la conquête des Gaules par Jules César.)

VIRIDOMARE et ÉPORÉDORIX, chefs éduens qui commandaient deux corps de l'armée de secours, envoyée de tous les points de la Gaule pour délivrer Vercingétorix assiégé dans Alésia.

SAINT VALÉRIEN, chrétien martyrisé à Tournus, la même année que saint Symphorien.

Troisième siècle. — Euměne, rhéteur gaulois, né à Autun. Secrétaire de l'empereur Constance Chlore. — Dirigea à Autun une importante école.

Sixième siècle. — Saint Césaire (470-542), évêque d'Arles. Né à Chalon, défenseur de la foi catholique. Célèbre pour sa charité, son éloquence et l'austérité de ses mœurs. A exercé une grande influence dans le gouvernement de l'Eglise des Gaules au sixième siècle.

Saint Germain, évêque de Paris (496-576), né à Autun. Célèbre pour sa piété et la dignité de sa vie. S'efforça de maintenir la paix entre les rois francs, Sigebert, Chilpéric et Gontran.

Marius, chroniqueur gallo-romain. Evêque d'Avenches, en Helvétie, mort en 596, à Autun. A laissé une chronique intéressante, qui va de 455 à 581.

Saint Didier, évêque de Vienne, né à Autun ou à Chalon. Célèbre pour sa charité et l'énergie de son caractère. Fut mis à mort en 608, sur l'ordre de la reine Brunehaut, à laquelle il avait reproché ses crimes.

Quinzième siècle. — Nicolas Rolin (1376-1462), né à Autun. Chancelier de Bourgogne sous le duc Philippe le Bon. Homme politique ferme et énergique, connu pour son avarice et sa rapacité. Fondateur de l'hospice de Beaune, l'un des monuments les plus curieux de France.

Jean Rolin, fils du précédent. Né à Autun (1408-1483). Cardinal et évêque d'Autun. Comme son père, il a laissé la réputation d'un homme rapace et, en même temps, magnifique et libéral.

Germain (Jean), né à Cluny ou à Dijon, mort en 1461. Evêque de Nevers, puis de Chalon. — Fut envoyé par le duc de Bourgogne au concile de Bâle.

Chasseneux (1480-1541), né aux environs d'Autun. Jurisconsulte et magistrat français. — Conseiller du Parlement de Provence.

Seizième siècle. — Chandieu (1534-1591), théologien et ministre protestant. A été aumônier du roi Henri IV. Professeur d'hébreu à l'Université de Genève.

Pigenat (François), né à Autun, mort en 1590. Prédicateur catholique du temps de la Ligue. — Se fit remarquer par son fanatisme et la violence de son langage.

Guillaume Paradin (1510-1590), né à Cuiseaux. Historien, auteur de plusieurs ouvrages, dont le plus important a pour titre : *Annales de Bourgogne*.

Philibert de Cypierre, illustre capitaine, né près de Charolles, mort en 1566. A été gouverneur du second fils de Henri II, puis gouverneur de l'Orléanais et du Berry. A laissé la réputation d'un administrateur intègre.

Guillaume des Autelz (1529-1576), poète français, né à Charolles. — A publié de nombreuses poésies aujourd'hui oubliées.

Perrier (François) (1590-1650), né à Mâcon, suivant les uns, à Saint-Jean-de-Losne, suivant les autres. — Peintre et graveur, membre de l'Académie de peinture et de sculpture. — A travaillé à la décoration de plusieurs châteaux et monuments célèbres.

Dix-septième siècle. — Bertaut (Léonard), né à Autun, mort en 1662. — Historien français. A fait des recherches sur l'histoire de Bourgogne. — A laissé une Histoire de la ville d'Autun.

Chamilly (Marquis de), maréchal de France (1636-1715). Célèbre pour sa bravoure. S'illustra dans les guerres de Hollande et de Portugal, sous Louis XIV.

Senecé (Antoine de) (1643-1737), poète français né à Mâcon. A été premier valet de chambre de la reine Marie-Thérèse, femme de Louis XIV. Ses poésies sont aujourd'hui peu connues.

Guichenon (Samuel), (1607-1664), historien, érudit et généalogiste français, né à Mâcon. S'est occupé surtout d'histoire. Ses ouvrages sont très appréciés.

Jacob de Saint-Charles (1608-1670), bibliophile français, né à Chalon. A été bibliothécaire du cardinal de Retz et du président Achille de Harlay. — On lui doit une histoire littéraire de Chalon-sur-Saône.

Montrevel (Marquis de) (1646-1716), maréchal de France. S'est distingué dans les guerres du temps de Louis XIV. A été gouverneur du Languedoc et a fait la guerre aux Camisards.

Huxelles (Marquis d') (1652-1730), maréchal de France et diplomate français, né à Chalon. S'est distingué par sa belle défense de Mayence. A été gouverneur de l'Alsace.

Fréminville (Edme de) (1680-1773), jurisconsulte français, né à Verdun-sur-Doubs. — A écrit de nombreux ouvrages de droit et d'administration.

Dix-huitième siècle. — Clémencet (Dom Charles) (1703-1778), savant historien, bénédictin de Saint-Maur. A laissé des ouvrages estimés.

Benoit (Michel) (1715-1774), savant jésuite, né à Autun, mort à Pékin. — A fait connaître à ses contemporains le monde chinois et sa civilisation.

Gauthey (Emiland-Marie) (1732-1806), ingénieur français, né à Chalon ; c'est sous sa direction qu'a été creusé le canal du Centre. Il a laissé des ouvrages techniques d'un mérite reconnu.

Dombey (Joseph) (1742-1793), botaniste et voyageur français, né à Mâcon.

La Métherie (Jean-Claude de) (1743-1817), physicien et naturaliste français, né à La Clayette. A été professeur au Collège de France et rédacteur du journal de physique. Ses ouvrages contiennent des idées scientifiques très hardies pour l'époque.

Roze (Nicolas) (1745-1819), musicien et compositeur français. A laissé des œuvres de musique religieuse estimées. A été bibliothécaire du Conservatoire.

Bigonnet (Jean-Adrien) (1555-1832), patriote français, homme politique. — Membre du Conseil des Cinq-Cents. Protesta avec énergie contre le coup d'Etat du 18 brumaire et les projets du général Bonaparte.

Grivaud de Vincelles (1762-1819), archéologue français, né à Chalon. — A laissé des ouvrages très estimés sur les antiquités romaines et gauloises et les arts et métiers des anciens.

Tripier (Nicolas) (1765-1840), né à Autun. Avocat célèbre, magistrat et jurisconsulte français. A laissé des ouvrages de droit estimés. Il a publié un code français avec commentaires.

Duhesme (comte) (1766-1815), général français qui s'illustra sous la Révolution et l'Empire.

Girault (Félix) (1771-1809), général français, né à Chalon, se distingua à la bataille de Valmy, et prit part à toutes les campagnes de l'Empire. — Fut tué à la bataille de Ciudad-Réal, en Espagne.

Augoyat (Antoine-Marie (1783-1864), écrivain militaire français. On lui doit une *Histoire du corps du génie*.

Boitard (Pierre) (1789-1859), naturaliste et agronome français, né à Mâcon. A publié de nombreux ouvrages sur l'agriculture et les sciences naturelles. C'était un vulgarisateur d'un talent remarquable.

Bulliot, archéologue, né à Autun. — A découvert les ruines de Bibracte. — On lui doit un ouvrage intéressant intitulé : *La cité gauloise*.

Guigniaut (1794-1876), érudit, né à Paray.

Bayard (Jean-François-Alfred) (1796-1853), né à Charolles. Auteur dramatique français.

Goyat (Eugène) (1793-1857), peintre français, né à Chalon. S'est occupé surtout de peinture religieuse.

Dargaud (Jean-Marie) (1800-1865) — Littérateur et historien français, né à Paray. A laissé des ouvrages très estimés dont nous citerons les suivants : *Histoire de Marie Stuart* ; *Histoire de la liberté religieuse en France*.

Robert (Henri), né à Mâcon. Frère de Clémence Robert. Célèbre mécanicien et horloger. On lui doit des perfectionnements et des inventions dans l'art de l'horlogerie. — A inventé un appareil ingénieux destiné à faire comprendre les mouvements de notre système planétaire.

Gaultier (Gabriel) (1808-1853). — Organiste et compositeur français, né à Briant. — Devenu aveugle à l'âge de onze mois, il fut élevé à l'Institut des jeunes aveugles, dont il devint plus tard l'un des professeurs. A laissé de nombreuses compositions musicales.

Rolland (Pierre-Charles-Antoine) (1818-1876), littérateur et homme politique.

Schneider (Joseph-Eugène), industriel et homme politique français, né à Bidestroff (Meurthe). L'un des créateurs de l'usine du Creusot.

TABLE

DES PERSONNAGES REMARQUABLES DE SAÔNE-ET-LOIRE

Nom	Pages	Nom	Pages
Augoyat	47	Greuze	24
Autelz (des)	15	Grivaud de Vincelles	16
Bayard	47	Guichenon	17
Benoit	46	Guigniaut	47
Bertaut	45	Huxelles (d')	16
Bigonnet	46	Jeannin	23
Boichot	26	Lamartine (de)	36
Boitard	47	La Métherie (de)	46
Bulliot	47	Marius	44
Césaire (Saint)	44	Mathieu	49
Chamilly (de)	15	Montrevel (de)	15
Chandieu	44	Niepce (Nicéphore)	33
Changarnier	41	Niepce de Saint-Victor	33
Chasseneux	44	Paradin	45
Clémencet	46	Perrier	45
Cypierre (de)	45	Pigenat	44
Dargaud	47	Ponthus de Thiard	22
Denon	30	Prud'hon	28
Didier (Saint)	44	Rambuteau (de)	34
Divitiacus	43	Roberjot	26
Dombey	40	Robert (Clémence)	39
Duhesme	46	Robert (Henri)	47
Dumnorix	43	Rolin (Jean)	44
Eporédorix	43	Rolin (Nicolas)	44
Eumène	44	Rolland	47
Fréminville (de)	46	Roze	46
Fressinet	27	Sacrovir	20
Gaultier	47	Saint-Charles (de)	45
Gauthey	46	Schneider	47
Genlis (madame de)	31	Senecé (de)	45
Germain (Jean)	44	Symphorien (Saint)	21
Germain (Saint)	44	Tripier	46
Girault	47	Valérien (Saint)	43
Goyat	47	Viridomare	43

ÉMILE COLIN. — Imprimerie de Lagny.

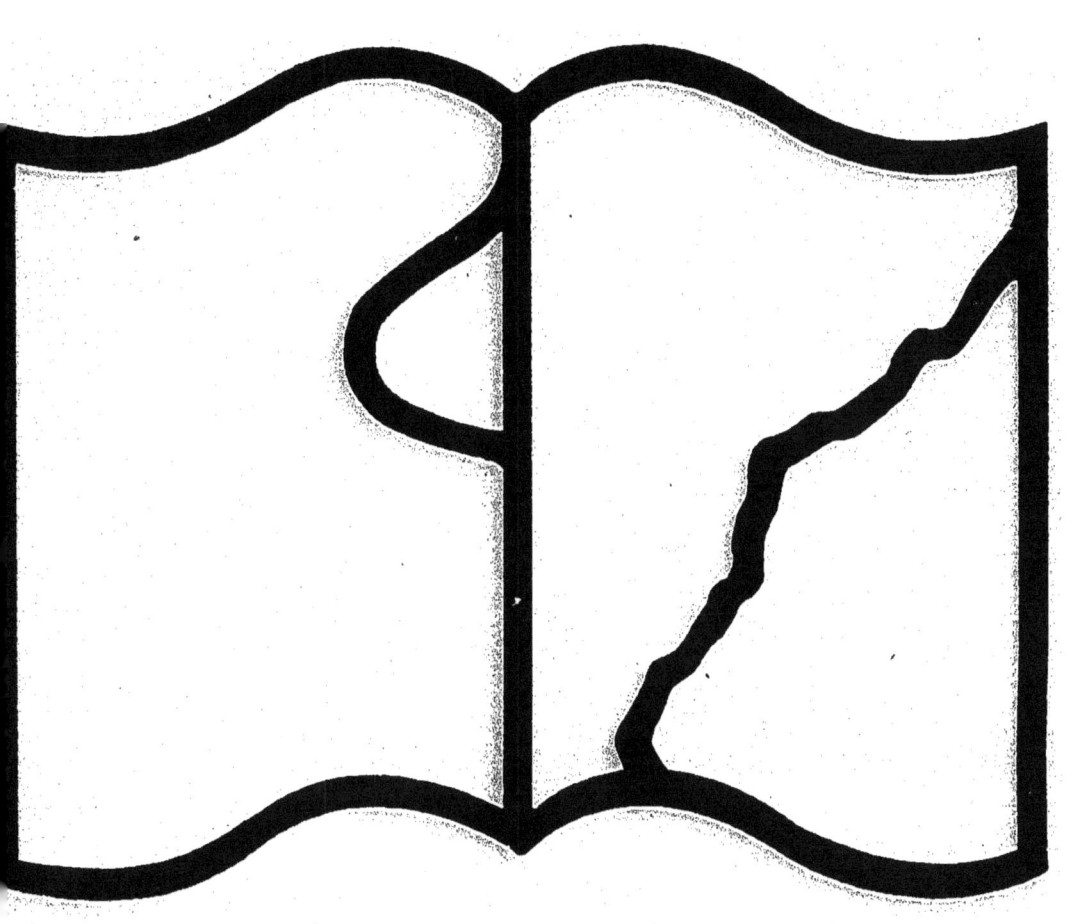

Texte détérioré — reliure défectueuse
NF Z 43-120-11

www.ingramcontent.com/pod-product-compliance
Lightning Source LLC
Chambersburg PA
CBHW070659050426
42451CB00008B/436